Bibliografische Information der Deutschen Nationalbibliothek:

Die Deutsche Bibliothek verzeichnet diese Publikation in der Deutschen National-
bibliografie; detaillierte bibliografische Daten sind im Internet über http://dnb.d-
nb.de/ abrufbar.

Impressum:

Copyright © 2016 GRIN Verlag
Druck und Bindung: Books on Demand GmbH, Norderstedt Germany
ISBN: 9783668630413

Dieses Buch bei GRIN:

https://www.grin.com/document/411883

Hanna Block

Die dunkle Seite des Internet? Legale Nutzungsmöglich-
keiten des Darknets

Vorteile in Kommunikation, Vernetzung und Sicherheit beim Datenaus-
tausch am Beispiel von Edward Snowden

GRIN Verlag

Hochschule für angewandte Wissenschaften Hamburg 30.12.2016

Department Information

Wintersemester 2016/17

Hausarbeit

Die dunkle Seite des Internet?

Legale Nutzungsmöglichkeiten des Darknets – Vor-

teile in Kommunikation, Vernetzung und Sicherheit

beim Datenaustausch am Beispiel von Edward

Snowden

Hanna Block

Inhaltsverzeichnis

1 Einleitung.. 1

2 Was ist das Darknet?.. 1

    2.1 Inhalte im Darknet... 2

    2.2 Wie funktioniert Tor?.. 3

3 Legale Nutzungsmöglichkeiten des Darknets 4

    3.1 Vorteile in Kommunikation, Vernetzung und Datenaustausch...................... 5

    3.2 Vorteile für Whistleblower.. 6

    3.3 Edward Snowden und die NSA-Affäre... 7

4 Fazit 8

Literaturverzeichnis... 10

1 Einleitung

Wer im Internet nach süßen Katzenbilder sucht, findet sie bei Google – wer jedoch auf der Suche nach Heroin und einer gefälschten Kreditkarte ist, wird dort wahrscheinlich nicht fündig. Dafür gibt es das Darknet, ein anonymisiertes Netzwerk, bei dem die Aktivitäten des Nutzers nicht nachverfolgt werden können. Mediales Aufsehen erreichte es zuletzt besonders bei dem Amoklauf in München am 22. Juli 2016, bei dem ein 18-Jähriger in einem Einkaufszentrum neun Menschen erschoss. Die Tatwaffe, eine Glock 17, soll er im Darknet erworben haben (vgl. HEISE ONLINE 2016). Durch solche Vorfälle wird das Darknet vor allem von den Medien als dunkler, gefährlicher Ort dargestellt und mystifiziert.

Dabei bringt die Anonymität neben der Kriminalität auch gewisse Vorteile mit sich, auf die in dieser Arbeit näher eingegangen werden soll. So umgehen Nutzer das Risiko, abgehört oder überwacht zu werden und können miteinander kommunizieren, ohne, dass jemand Drittes mitliest. Eine wichtige Rolle spielt das Darknet auch für Menschen, die in Ländern mit einer Zensur leben. Ein weiterer Aspekt in dieser Arbeit ist der Vorteil für Whistleblower*innen[1] am Beispiel von Edward Snowden.

Methodisch stellt dieser Aufsatz eine theoretische Ausarbeitung und Beantwortung einer Forschungsfrage dar. Ausgewertet wurden einerseits wissenschaftliche Arbeiten zum Thema Internet und Sicherheit im Internet sowie andererseits Online-Computerfachartikel. Im wissenschaftlichen Bereich ist eine Arbeit hervorzuheben, die zum Tor-Netzwerk besonders hilfreich war: *Anonym im Internet mit Tor und Tails* von Peter LOSHIN aus dem Jahr 2015.

Um die Forschungsfrage - ob das Darknet die dunkle Seite des Internet ist - zu beantworten, wird zu Beginn in Kapitel 2 dargestellt, was das Darknet ist und welche Inhalte dort zu finden sind. Außerdem wird das Tor-Netzwerk, eine Software, die den Zugang zum Darknet ermöglicht, beschrieben und grafisch dargestellt. Im darauffolgenden Kapitel 3 werden die Vorteile des Darknets zusammengestellt. Zu diesem Zweck wird zuerst definiert, ab wann eine Handlung als illegal eingestuft wird, um im Folgenden die Vorteile in Kommunikation, Vernetzung und Datenaustausch darzustellen. Es folgt das Beispiel. Dazu gibt es erst eine kurze Einführung in das Wesen der Whistleblower, um dann Edward Snowden vorzustellen und einen Einblick in den NSA-Abhörskandal zu geben. Es folgt der Bezug zum Darknet. Abschließend werden in Kapitel 4 die Ergebnisse aus allen Teilen dieser Arbeit in einem Fazit zusammengeführt.

2 Was ist das Darknet?

Beim Internet unterscheidet man zwischen drei Oberflächen: das Visible Web, auch Surface Web genannt, welches alle Webseiten umfasst, die mit Suchmaschinen wie Google, Bing oder Yahoo gefunden werden können und dem Invisible Web, auch Deep Web genannt. Dazu gehören Datenbanken und passwortgeschützte Webseiten, zum Beispiel der Kundenbereich von Amazon (vgl.

---

[1] In diesem Beitrag wird aus Gründen der Einfachheit häufig nur die grammatisch männliche Form verwendet, was jedoch als übergreifende Bezeichnung für beide Geschlechter zu verstehen ist.

SHERMAN/PRICE 2001, S. 57 ff.). Die dritte und bedeutendste Oberfläche für diese Ausarbeitung ist das Darknet, für welches man eine spezielle Zugangssoftware wie zum Beispiel Tor benötigt (vgl. Kapitel 2.2). Hier bewegt man sich, anders als in den anderen Oberflächen, anonym und hinterlässt keine unerwünschten Daten.

Abbildung 1: Suchmaschine Grams im Darknet (Quelle: Chip)

„

Der Ursprung dieser Unterwelt des Internets [H.B.: ist] eigentlich ein politischer und von positiver Absicht motiviert" (FRANK 2016, Blogspot), denn auf der Suche nach einer sicheren und anonymen Form der Onlinekommunikation stößt das US-Militär 2001 auf das Tor-Projekt, welches von Studenten gegründet wurde. Bis heute unterstützt die US-Regierung das Darknet bzw. Tor jährlich mit rund 1,8 Millionen Dollar. Seit 2006 ist Tor ein gemeinnütziger Verein, der von Netzaktivisten geführt wird (vgl. ebd.).

Webseiten erreicht man zum Beispiel über das Google-Pendant Grams (vgl. Abbildung 1), die gängigste Suchmaschine im Darknet, oder über Linklisten, die auch im normalen Internet zugänglich sind. So findet man auf der Seite *https://thehiddenwiki.org* sämtliche Links, eingeteilt in Kategorien wie unter anderem „Blogs, Email and Messaging, Drugs, Hacking, Erotic 18+". Es fällt sofort auf, dass die URL-Adressen anders aussehen, als man sie normalerweise kennt. So erreicht man mit dem kryptisch erscheinenden wikitjerrta4qgz4.onion die Webseite Onion-Wiki, ein Pendant zu Wikipedia. Diese Adressen lassen sich nur mit Tor öffnen.

Wer sich etwas im Darknet kaufen möchte, zahlt nicht mit Euro oder Dollar, sondern mit Bitcoin. Dies ist eine digitale Geldeinheit, die von Banken und Staat unabhängig ist. Am 4.12.2016 betrug der Wechselkurs für 1 Bitcoin 726,3 Euro (vgl. OSTERMILLER 2016, coinmill.com).

2.1 Inhalte im Darknet

Eine Untersuchung vom Londoner Unternehmen Intelliagg ergab, dass 48 Prozent aller analysierten Seiten nach US-amerikanischem und britischem Gesetz illegal sind. 52 Prozent, also der größere Teil, sind demnach legal (vgl. INTELLIAGG b)

Die Grafik (vgl. Abbildung 2) zeigt die Verteilung von Inhalten im Tor-Netzwerk in Prozent. Die Daten stammen ebenfalls von Intelliagg und wurden im Februar 2016 erhoben.

Den Großteil der ausgewerteten Seiten machen mit 57 Prozent File Sharing (Datenaustausch) und geleakte Daten (Veröffentlichung vertraulicher Daten) aus. Des Weiteren gibt es Webseiten, die sich mit Finanzbetrug, also zum Beispiel gestohlenen Kreditkartendaten, Nachrichten und Werbung beschäftigen. Den prozentual kleinsten Teil nehmen allerdings die Webseiten ein, die man eigentlich mit dem Darknet verbindet. So handeln lediglich 4 Prozent der analysierten Adressen von Drogen, 3 Prozent von Hacking und 1 Prozent zeigen Pornos. 0,3 Prozent beschäftigen sich mit Waffen.

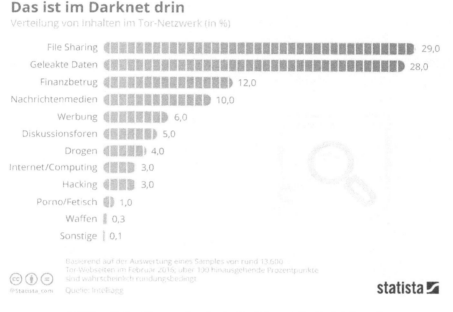

Abbildung 2: Verteilung von Inhalten im Tor-Netzwerk (Quelle: Intelliagg a)

Aus der Grafik und dem Ergebnis, dass 52 Prozent der Webseiten nach US-Recht legal sind, lässt sich schließen, dass das Darknet für viele Personen ein legitimes und wichtiges Mittel zur anonymen Vernetzung ist, auf die im Folgenden Näher eingegangen wird.

2.2 Wie funktioniert Tor?

Tor ist ein frei zugänglicher Anonymisierungsdienst, der dafür sorgt, dass die eigenen Daten verschlüsselt übertragen werden. Die Abkürzung steht für „the Onion Routing Project", weil der „Netzwerkdatenverkehr in mehrere Schichten verpackt wird, wobei die Systeme diese Schichten bei der Weiterleitung unterwegs eine nach der anderen abziehen – wie beim Häuten einer Zwiebel" (LOSHIN 2015, S. 32). Dadurch ist es nicht möglich, dass der Zielserver die IP-Adresse des Benutzers erfährt und somit weiß, woher Daten kommen oder wohin sie gehen.

Wie genau dies funktioniert, lässt sich an der Abbildung (vgl. Abbildung 3) erkennen. Tor arbeitet mit einer Übertragungskette. Das heißt, die Daten werden über Zwischenstationen, nämlich drei zufällig ausgewählte Server, die auch Relays genannt werden, übertragen. Erst dann wird der Zielserver erreicht.

Der Browser links ruft verschiedene Seiten über Tor auf. Dabei stellen die grünen Bildschirme in der Mitte die Relays innerhalb des Tor-Netzwerks, hier als Wolke dargestellt, dar. Die drei Schlüssel sind die Schichten der Verschlüsselung zwischen Benutzer und Relay. Nach jedem Relay verschwindet ein Schlüssel, also „eine Schicht der Zwiebel". Die Übertragung vom dritten Relay zum Zielserver ist unverschlüsselt, jedoch ist dann nur die IP-Adresse des willkürlichen Relays innerhalb des Tor-Netzwerkes bekannt, nicht jedoch des eigentlichen Benutzers. Dies schadet also nicht der Anonymität. Wer versucht, dieses Netz zu überwachen, sieht immer nur die äußerste Schale der Zwiebel (vgl. LOSHIN 2015, S. 23 f, 32 f).

Um Tor nutzen zu können, muss lediglich das Browserpaket für das jeweilige Betriebssystem heruntergeladen werden. Dieses findet man auf der Tor Homepage.

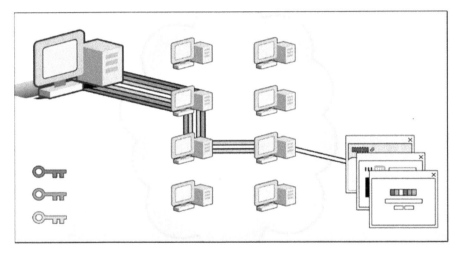

Abbildung 3: Funktionsweise des Tor-Netzwerks (Quelle: torproject.org)

3 Legale Nutzungsmöglichkeiten des Darknets

"Das Darknet ist das Internet, wie man es sich eigentlich wünschen würde. Ein Netz ohne Zensur und Überwachung, mit all seinen Vor- und Nachteilen", sagt Linus Neumann gegenüber dem Spiegel (BÖHM/GRUBER/SICKERT 2016, Spiegel). Er ist ein Sprecher des Chaos Computer Clubs (CCC), welcher die größte europäische Hackervereinigung darstellt und sich mit Themen wie Anonymisierungsdiensten und sicherer Kommunikation im Internet beschäftigt (vgl. CHAOS COMPUTER CLUB 2016).

Um jedoch die Vorteile des Darknet einschätzen zu können, muss eingegrenzt werden, welche Handlungen im Darknet illegal sind und ab wann man sich sogar strafbar macht. Dr. Daniel Vollmert, Pressesprecher der Staatsanwaltschaft Köln, sagt dazu: „Strafbar wird ein Handeln dann, […] wenn die Inhalte strafbar sind" (TOMATOLIX 2016, YouTube). Das heißt, mit dem Kauf einer Waffe oder Hacking macht ein Nutzer sich strafbar, nicht jedoch mit dem Surfen in Foren oder dem Austausch von legalen Dateien. Die Rechtslage ist also genau so wie im normalen Internet (vgl. ebd.).

3.1 Vorteile in Kommunikation, Vernetzung und Datenaustausch

Spätestens nach dem NSA-Skandal, bei dem von 2001 bis 2015 der Telefonverkehr und sämtliche Kommunikation vieler Bürger und Politiker, darunter zum Beispiel auch Angela Merkel, überwacht und gespeichert wurde (vgl. Kapitel 3.3), sorgen sich viele Internetnutzer um ihre Sicherheit (vgl. BEUTH 2013, ZEIT ONLINE).

Doch nicht nur Geheimdienste und der Staat, auch der Provider (Internetanbieter) und seine Angestellten können die Internetaktivitäten verfolgen, indem sie „jede Webseite protokollieren, die Sie besuchen, und dabei festhalten, wann und wie lange Sie sich dort aufhalten." (LOSHIN 2015, S. 39). Dies kann sogar der eigene Arbeitgeber tun, sofern man am Arbeitsplatz auf das Internet zugreift.

Auch Google speichert alle möglichen Aktivitäten, darunter Suchanfragen und Seitenaufrufe und bietet mit *https://myactivity.google.com/myactivity* sogar eine eigene Webseite an, die es ermöglicht, diese nachzuverfolgen. Hier kann man auch auf den Standortverlauf zugreifen, welcher alle besuchten Orte auf einer Karte anzeigt – sofern man ein mit Google-verknüpftes Gerät bei sich trug. Außerdem erstellt es anhand von seiner Analyse ein Profil, welches Informationen zum Geschlecht, Alter und den eigenen Interessen bereithält. Google wirbt dazu mit dem Slogan: „Neue Funktionen, die Ihnen noch mehr Kontrolle geben" (GOOGLE 2016). Dabei liegt die Kontrolle eigentlich bei Google.

Die Folgen dieser Datensammlung sind vielseitig, und jeder Internetnutzer muss selbst entscheiden, wie wichtig ihm seine Anonymität ist. Allerdings muss jedem bewusst sein, dass es auch „unangenehme" Folgen gibt, wenn zum Beispiel der zukünftige „Arbeitgeber im Rahmen einer Bewerbung im StudiVZ-Profil stöbert oder die Polizei das Bild vom Blitzer mit einem auf Facebook vergleicht, um den Halter zu ermitteln" (KUBIEZIEL 2012, S. 10). Außerdem kann die IP-Adresse bis zu einer Straßenanschrift zurückverfolgt werden.

All dies geschieht mit Tor nicht. Wer Tor benutzt, hinterlässt keine Spuren und bleibt somit unerkannt. LOSHIN (2015, S. 43) sagt dazu: „Tor hindert Verfolger daran, ihre Opfer zu finden – ganz gleich, ob Sie sich vor einem ausfälligen Familienangehörigen oder einem übereifrigen Inkassobüro verstecken wollen".

Eine große Hilfe ist Tor auch für Strafverfolgungsbehörden wie die Staatsanwaltschaft und die Polizei. Sie nutzen die Anonymisierungssoftware für ihre Ermittlungsarbeit, um Informationen von fragwürdigen Webseiten zu erhalten. Dazu zählen Seiten, die für illegale Zwecke wie Drogenhandel genutzt werden oder die von illegalen Organisationen geführt werden. Außerdem können sie verdeckte Ermittlungen durchführen, ohne dass ihre IP-Adressen als Strafverfolgungsbehörde identifiziert werden. (vgl. LOSHIN 2015, S. 42). Dieser Vorteil wird auch eingesetzt, um Informanten zu helfen, „Hinweise zu geben, ohne ihre Identität preiszugeben" (LOSHIN 2015, S. 42).

Zum beinahe überlebenswichtigen Vorteil wird die anonyme Kommunikation im Darknet bzw. im Tor-Netzwerk in Ländern, „in denen man mit freier Meinungsäußerung im Netz vorsichtig sein muss" (BÖHM/GRUBER/SICKERT 2016, Spiegel.de). Dazu zählen mit dem Iran, Syrien, China oder Nordkorea alle Länder, in denen eine strenge Internetzensur herrscht. In Nordkorea geht diese Zensur sogar so weit, dass es nur 28 Webseiten gibt, zu denen nur wenige Tausende, vor allem Regierungsmitarbeiter, Zugang haben. In China sind Facebook und YouTube gesperrt und wer einen zensierten Begriff in eine Suchmaschine eingibt, erhält eine Fehlermeldung. Linus Neumann sagt dazu: "In einem Land wie China landest du schneller im Darknet, weil du deine Kommunikation stärker schützen musst" (ebd.). Wer also in diesen Ländern einen „freien" Internetzugang möchte, um beispielsweise Facebook zu nutzen, kann und sollte Tor einsetzen.

Das Darknet bietet zusätzliche Programme, um die Kommunikation und den Datenaustausch noch sicherer zu machen. So zum Beispiel die Software OnionShare, ein Projekt des US-Journalisten und Redakteur des Investigativ-Portals The Intercept Micah Lee. Sie ermöglicht den Austausch von Dateien, ohne, dass eine dritte Partei vermittelt und beteiligt ist, anderes als bei Cloud-Anbietern wie Dropbox. Dabei wird nach dem Upload einer Datei eine URL-Adresse generiert, die der Empfänger aufruft. Dann kann er die Datei herunterladen

Wer verschlüsselt kommunizieren will, kann den Instant-Messenger Ricochet des Netzaktivisten John Brooks nutzen. Anders als bei WhatsApp oder Skype kann nur der Empfänger die Nachricht entschlüsseln und niemand kann einsehen, wohin eine Nachricht geht oder woher sie kommt. Anstelle eines Usernamens erhält man eine Ricochet-ID, die beispielsweise so aussieht: ricochet:rs7ce36jsj24ogfw. Bislang kann man sich jedoch noch keine Dateien, sondern nur Nachrichten schicken, was sich aber im Laufe der Zeit noch ändern soll (vgl. MEY 2016).

Abschließend lässt sich also sagen, dass das Darknet ein wichtiger Bestandteil für eine sichere und anonyme Kommunikation und den Datenaustausch ist. Ohne das Darknet wären viele Bevölkerungsgruppen nicht in der Lage, das Internet frei zu benutzen.

3.2 Vorteile für Whistleblower

Nicht nur Menschen, die in Ländern mit strenger Zensur leben, sondern auch diejenigen, die Missstände, illegales Handeln oder Gefahren für Mensch und Umwelt aufdecken wollen brauchen das Darknet. Denn diese Menschen, besser bekannt als Whistleblower, wollen zu ihrem eigenen Schutz anonym bleiben

Das Aufdecken kann innerhalb ihres Betriebes sein, aber auch extern gegenüber zuständigen Behörden oder anderen Dritten, zum Beispiel den Medien (vgl. WHISTLEBLOWER NETZWERK E.V. 2016). Dabei verheimlichen sie meist ihre Identität, denn oft „erfahren sie weder persönliche Unterstützung noch gesellschaftliche Anerkennung. Wer den Mund aufmacht riskiert Ausgrenzung und Mobbing", schreibt das Whistleblower-Netzwerk auf ihrer Homepage (ebd.).

Deshalb nutzen Whistleblower häufig das Darknet, um ihre Dokumente zu veröffentlichen oder um mit Journalisten zu kommunizieren. Hier bleiben sie anonym und können nicht in Gefahr geraten. Eine spezielle Software namens SecureDrop ermöglicht es, sichere Postfächer im Darknet zu installieren. Zu den Nutzern zählen laut einer Aufzählung von SecureDrop mittlerweile 26 Medien, Einzelpersonen und sonstige Organisationen, darunter zum Beispiel der britische Guardian, The Washington Post und das deutsche IT-Portal Heise. Die Software wurde von Aaron Swartz entwickelt, einem US-amerikanischem Programmierer und Internet-Aktivist, der sich für einen freien

Zugang zu Inhalten im Internet und gegen Zensur einsetzte (vgl. MEY 2016). Nachdem er 2013 verstarb, übernahm die Freedom of the Press Foundation das Projekt (vgl. SECUREDROP 2016).

Im Folgenden wird näher auf den Whistleblower Edward Snowden eingegangen und wie er das Darknet für seine Zwecke nutzte.

3.3 Edward Snowden und die NSA-Affäre

„I do not want to live in a world where everything I do and say is recorded. That is not something I am willing to support", so Edward Snowden, Whistleblower und ehemaliger Mitarbeiter bei den Geheimdiensten NSA, Central Intelligence Agency (CIA) und Defence Intelligence Agency (DIA) (MACASKILL 2013, theguardian). So begründet er die Enthüllungen von streng geheimen Dokumenten der NSA im Juni 2013, die eine verfassungswidrige und unkontrollierte Arbeitsweise zeigen sollen und einen Skandal auslösten. Seitdem ist Snowden auf der Flucht, denn in den USA wartet ein Gerichtsprozess „wegen Diebstahl von Regierungseigentum, widerrechtliche Weitergabe geheimer Informationen sowie Spionage" (LINDE 2013, Handelsblatt) auf ihn. Nachdem sein Ausweis von der US-Regierung für ungültig erklärt wurde, floh er nach Russland ins Exil. Als einziges Land war Russland bereit, Snowden Asyl zu gewähren und so erhielt er im August 2014 eine dreijährige Aufenthaltserlaubnis.

Die NSA wurde bereits im November 1952 gegründet und hat seinen Hauptsitz in Maryland in den USA. Heute beschäftigt es rund 40.000 Mitarbeiter. Die Ziele der NSA sind es nach eigenen Angaben, Terroranschläge zu verhindern und die Internetnutzer, die oft jung und leicht angreifbar sind, vor Internetkriminalität zu schützen (vgl. NSA.GOV 2016). Das betonen auch US-Präsident Barack Obama sowie andere Behördenchefs und politisch Verantwortliche, wenn sie zu ihrer Rolle im Überwachungssystem gefragt werden (vgl. ROSENBACH/STARK 2014, S. 136). Dass das Ziel, Terror abzuwehren jedoch falsch ist, geht aus einem ehemals „streng geheimen" Dokument der NSA hervor. So habe „die Behörde gerade einmal rund 35 Prozent ihres 10,8 Millionen-Dollar-Etats direkt für die Bekämpfung des Terrorismus" (ROSENBACH/STARK 2014, S. 137) aufgewendet. „Der US-Präsident weiß das natürlich, denn das Weiße Haus ist [...] der Hauptabnehmer ihrer Spionageergebnisse" (ebd.).

Schon 2004, als Snowden freiwillig zur US-Armee geht, beginnt er an seinem Staat zu zweifeln. „Doch so nah dran, bekommst du mit, dass die Wahrheit nicht gesagt und eine Wahrheit kreiert wird", sagt er (LINDE 2013, Handelsblatt). Um noch näher heranzukommen, sammelt er gezielt Informationen zum Überwachungsprogramm der NSA und wird schließlich sogar als technischer Mitarbeiter bei der CIA angestellt.

Im Zentrum des Skandals stehen die NSA und die britischen Government Communications Headquarters (GHCQ). Zu den engsten Partnern der USA und Großbritannien zählen Kanada, Neuseeland sowie Australien, die zusammen die Five Eyes bilden. Weiterhin arbeiten Länder wie Deutschland, Schweden, Frankreich, Belgien, aber auch Japan und Südkorea mit den Five Eyes zusammen. Sie liefern eigene Informationen und profitieren von den Erkenntnissen.

Wer überwacht, abgehört und gehackt wurde:

- Telefongespräche von 122 Regierungschefs, darunter auch Angela Merkel

- Telefongespräche und E-Mail-Verkehr aller US-Bürger
- Die Botschaften unter anderem von Frankreich, Italien, Griechenland
- Google, Yahoo
- WikiLeaks und die Nutzer der Seite wikileaks.org
- Millionen private Webcams von Yahoo-Nutzern
- Menschen, die sich im Internet über Tor informieren
- Muslime, darunter auch Politiker und Rechtsanwälte mit US-Staatsbürgerschaft
- Usw.
  (vgl. BEUTH 2013, ZEIT ONLINE)

Welche Verbindung besteht dabei zum Darknet? Snowden baute Anfang 2013 über das Tor-Netwerk verschlüsselten E-Mail Kontakt zu Micah Lee auf, der bereits zuvor als Redakteur des Investigativ-Portals The Intercept erwähnt wurde und außerdem als Aktivist in der Freedom of the Press Foundation tätig ist. Er erhoffte sich davon, in Kontakt mit Laura Poitras, einer Dokumentar-filmerin, die sich zuletzt kritisch mit der amerikanischen Außenpolitik beschäftigte, zu treten. Lee ahnte, dass es um etwas Wichtiges geht, und stellte den verschlüsselten Kontakt zwischen den bei-den her. Snowden wollte, dass die Journalisten seine Enthüllungen veröffentlichen. Und so gaben sie Snowdens Dokumente im Juni der Öffentlichkeit preis. Erst ohne Angabe einer Quelle, doch schon wenige Tage später erwähnten sie Edward Snowden (vgl. LEE 2014, The Intercept)

Snowden hat also das Darknet genutzt, um anonym mit Journalisten kommunizieren zu können, bevor er sich an die Öffentlichkeit wendet. Dies wäre mit dem normalen Internet nicht möglich gewesen: Hätte er unverschlüsselte Nachrichten versendet, wäre die NSA womöglich sofort auf-merksam auf ihn geworden.

4 Fazit

In diesem Beitrag wurde der Frage nachgegangen, ob das Darknet die dunkle Seite des Interntes ist und welche legalen Nutzungsmöglichkeiten das Darknet bietet. Im Titel war bereits angedeutet, dass das Darknet Vorteile in Kommunikation, Vernetzung und Datenaustausch bietet und daher auch für Whistleblower von großer Bedeutung ist. Dies ließ sich bestätigen. So umgehen Nutzer das Risiko, abgehört und ausspioniert zu werden und anonym miteinander kommunizieren. Dies ist vor allem für Länder mit Zensur wichtig, wie zum Beispiel China, Syrien oder Thailand. Das Darknet gibt ihnen die Möglichkeit, ihre Meinung frei zu vertreten und Webseiten zu besuchen, deren Zugang ihnen sonst gesperrt ist. Auch Whistleblower nutzen das Darknet, um ihre Erkennt-nisse zu veröffentlichen oder um anonym mit Journalisten oder den Medien kommunizieren zu können und Daten auszutauschen, so auch Edward Snowden. Die Forschungsfrage ließ sich also widerlegen.

Diese Erkenntnise wurden im Einzelnen folgendermaßen erzielt: Zunächst wurde in Kapitel 2 das Darknet vorgestellt und vom normalen Internet abgegrenzt. Dabei stellte sich heraus, dass das Darknet etwa 500mal mehr Webseiten als das Internet aufweist und somit deutlich inhaltsreicher ist. Daraufhin wurden die Inhalte des Darknets vorgestellt (vgl. Kapitel 2.1), wobei deutlich wurde, dass mit 52 Prozent der größere Teil aller Seiten im Darknet legal ist. Eine Grafik zeigt, dass den

Großteil der ausgewerteten Seiten Datenaustausch ausmacht, während nur ein geringer Teil von Drogen, Hacking und Pornografie handeln. Um das Darknet technisch zu verstehen, wurde in Kapitel 2.2 das Tor-Netzwerk vorgestellt. Dies ist eine Anonymisierungssoftware, welche es ermöglicht, anonym im Darknet zu surfen.

Erst das Benutzen dieser Software ermöglicht die Vorteile, die nun in Kapitel 3 vorgestellt wurden. Dazu wurde zuerst eingegrenzt, ab wann eine Handlung im Darknet illegal ist. Es stellte sich heraus, dass man mit dem Kauf einer Waffe oder ähnlichen strafbaren Dingen illegal handelt, nicht jedoch mit dem Surfen in Foren oder dem Kommunizieren und Datenaustausch. In Kapitel 3.1 wurden zuerst kurz die Datensammlung von Google und NSA vorgestellt sowie die Folgen für den Nutzer verdeutlicht. Sämtliche Internetaktivitäten werden gespeichert und man ist nicht mehr anonym. Daraufhin wurden verschiedene Personengruppen hervorgehoben, für die das Benutzen von Tor ein Vorteil ist. So hilft Tor Strafverfolgungsbehörden bei ihren Ermittlungen und ist ein großer Vorteil für Menschen, die von Zensur eingeschränkt sind. Es folgt Kapitel 3.2, in dem eine weitere Personengruppe, nämlich Whistleblower, genannt und definiert wird. Das Darknet bietet auch für Whistleblower viele Vorteile, denn sie können anonym ihre Dokumente veröffentlichen oder mit den Medien in Kontakt treten. Außerdem wurden zwei Programme vorgestellt, Ricochet und SecureDrop, die Whistleblowern beim Datenaustausch und bei der Kommunikation helfen soll. Diese Vorteile werden nun auf ein Beispiel aus der Praxis angewendet, nämlich Edward Snowden (vgl. Kapitel 3.3). Dieser enthüllte die verfassungswidrige Arbeitsweise der NSA und löste einen Skandal aus, welcher in diesem Kapitel vorgestellt wurde. Am Ende wurde dargestellt, wie er das Darknet nutzte, um mit Journalisten in Kontakt zu treten.

Die Vorteile, die in dieser Ausarbeitung zusammengetragen wurden, fallen recht eindeutig aus. Weniger ausschlaggebend waren die herangezogenen Angaben dazu, in welchem Maße die betroffenen Personengruppen wie zum Beispiel Menschen, die in Ländern mit Zensur leben, diese Methoden tatsächlich kennen und umsetzen. Es gibt keine statistisch aussagekräftigen Erhebungen, stattdessen nur Einzelbeobachtungen.

In zukünftigen Forschungsprojekten des Darknets wäre daher genauer zu untersuchen, inwiefern die angesprochenen Personengruppen das Darknet wirklich für diese Zwecke nutzen.

Literaturverzeichnis

BEUTH, Patrick 2013. *Alles Wichtige zum NSA-Skandal.* [online] Berlin: ZEIT ONLINE. URL: http://www.zeit.de/digital/datenschutz/2013-10/hintergrund-nsa-skandal [Abruf: 28.12.16]

CHIP 2016. Abbildung. [online] URL: http://www.chip.de/ii/2/5/5/7/1/8/3/9/grams_t1-f580779984588784.png [Abruf: 28.12.16]

FRANK, Rosa 2016. *Dark Net - Ein Einblick in die Schattenwelt des Internets.* [online] URL: http://web20ph.blogspot.de/2016/03/dark-net-ein-einblick-in-die.html [Abruf: 28.12.16]

GOOGLE 2016. Google Meine Aktivitäten. [online] URL: https://myactivity.google.com/myactivity [Abruf: 28.12.16]

HEISE MEDIEN GMBH & CO. KG 2016. *Amoklauf von München: Mutmaßlicher Darknet-Waffenverkäufer festgenommen.* [online] URL: https://www.heise.de/newsticker/meldung/Amoklauf-von-Muenchen-Mutmasslicher-Darknet-Waffenverkaeufer-festgenommen-3296994.html [Abruf: 28.12.16]

INTELLIAGG a 2016. *Das ist im Darknet drin.* [online] Zitiert nach de.statista.com. URL: https://de.statista.com/infografik/5349/verteilung-von-inhalten-im-tor-netzwerk/ [Abruf: 28.12.16]

INTELLIAGG b (Jahr unbekannt). *Deeplight – Shining a light on the dark web.* [online] URL: https://drive.google.com/file/d/0B9DSAMZ5GHJ1M2I5U29FYUgzem8/view [Abruf: 28.12.16]

KUBIEZIEL, Jens 2012. *Anonym im Netz.* 3. Aufl. München: Open Source Press. ISBN 978-3-941841-67-3

LEE, Micah 2014. *Ed Snowden taught me to smuggle secrets past incredible danger. Now I teach you.* [online] URL: https://theintercept.com/2014/10/28/smuggling-snowden-secrets/ [Abruf: 28.12.16]

LINDE, Désirée 2013. *Hätte Informationen nach Russland oder China verkaufen können.* [online] URL: http://www.handelsblatt.com/politik/international/wer-ist-edward-snowden-haette-informationen-nach-russland-oder-china-verkaufen-koennen/9035764-3.html [Abruf: 28.12.16]

LOSHIN, Peter 2015. *Anonym im Internet mit Tor und Tails.* Haar, München: Franzis. ISBN 978-3-645-60416-1

MACASKILL, Ewen 2016. *Edward Snowden, NSA files source: "If they want to get you, in time they will".* [online] URL: https://www.theguardian.com/world/2013/jun/09/nsa-whistleblower-edward-snowden-why [Abruf: 28.12.16]

MEY, Stefan 2016. *Darknet-Tools für den Journalismus.* [online] URL: http://get.torial.com/blog/2016/09/darknet-tools-fuer-den-journalismus/ [Abruf: 28.12.16]

NSA (Jahr unbekannt). *Understanding the Threat.* [online] URL: https://www.nsa.gov/what-we-do/understanding-the-threat/ [Abruf: 28.12.16]

ROSENBACH, Marcel und STARK, Holger 2014. *Der NSA-Komplex.* München: Deutsche Verlags-Anstalt. ISBN 978-3-641-14150-9

SHERMAN, Chris und PRICE, Gary 2005. *The Invisible Web.* 5. Aufl. New Jersey: Information Today. ISBN 0-910965-51-X

TOMATOLIX 2016. Wie schwer ist es, etwas im Darknet zu kaufen? [Online-Video] URL: https://www.youtube.com/watch?v=CS9fhMV7olU&t=10s [Abruf: 28.12.16]

TOR (Jahr unbekannt). *The Short User Manual.* [online] URL: https://archive.torproject.org/tor-package-archive/manual/short-user-manual_en.xhtml [Abruf: 28.12.16]

WHISTLEBLOWER-NETZWERK E.V. (Jahr unbekannt). *Definitionen.* [online] URL: http://www.whistleblower-net.de/whistleblowing/whistleblowing-im-detail/definitionen/ [Abruf: 28.12.16]

www.ingramcontent.com/pod-product-compliance
Lightning Source LLC
LaVergne TN
LVHW080120070326
832902LV00015B/2685